VOIX D'ALSACE ET DE LORRAINE

III

LA QUESTION
DE
L'ALSACE-LORRAINE

PAR

Rodolphe REUSS
Professeur à l'École des Hautes-Études

Précédé du Discours de M. JULES SIEGFRIED, Député, ancien Ministre

Prononcé à l'ouverture de la session de la Chambre des Députés
le 8 Janvier 1918

PARIS
LIBRAIRIE FISCHBACHER
Société anonyme
33, RUE DE SEINE, 33

—

1918

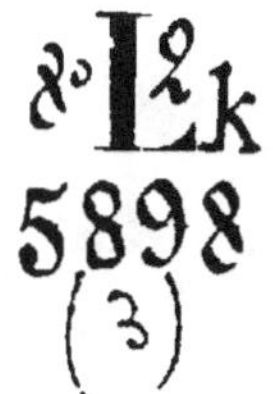

III

LA QUESTION D'ALSACE-LORRAINE

Ouvrages de M. Rodolphe REUSS

« *Chiffons de papier qui n'ont pas été déchirés* ». — **La France** et l'Alsace à travers l'Histoire, avec Préface de M. Paul Deschanel, Président de la Chambre des Députés. Album in-4°, avec *gravures et fac-similés* . . . . **3 fr. 50**

Histoire d'Alsace. 13ᵉ édition revue et augmentée. Un volume in-16, orné de nombreuses gravures. . . . . **4 fr.**

La Cathédrale de Strasbourg pendant la Révolution. *Essai sur l'histoire politique et religieuse de l'Alsace (1789-1802).* Un volume in-18. . . . . **5 fr.**

Les Églises protestantes de Strasbourg pendant la Révolution (1789 à 1802). Un volume in-12. . . . . **3 fr.**

Histoire du Gymnase protestant de Strasbourg pendant la Révolution (1789-1804). Un volume in-18. . . . . **5 fr.**

La Justice criminelle et la police des mœurs aux XVIᵉ et XVIIᵉ siècles. *Causeries strasbourgeoises.* Un volume in-18. . . . . **2 fr. 50**

Louis XIV et l'Église protestante d'Alsace au moment de la Révocation de l'Édit de Nantes (1685 à 1686). Un volume in-18. . . . **3 fr.**

VOIX D'ALSACE ET DE LORRAINE

III

LA QUESTION D'ALSACE-LORRAINE

PAR

Rodolphe REUSS

Professeur à l'École des Hautes-Études

Précédé du Discours de M. JULES SIEGFRIED, Député, ancien Ministre
Prononcé à l'ouverture de la session de la Chambre des Députés
le 8 Janvier 1918

PARIS
LIBRAIRIE FISCHBACHER
Société anonyme
33, RUE DE SEINE, 33

1918

Discours de M. Jules Siegfried, député, ancien Ministre, prononcé à l'ouverture de la session ordinaire de la Chambre des Députés, le 8 janvier 1918, en sa qualité de président d'âge.

Mes chers collègues,

Je ne veux pas prendre possession de ce fauteuil, ne fût-ce que pour quelques instants, sans m'être fait d'abord l'interprète des sentiments de sympathie et de respect que nous éprouvons tous pour notre collègue, M. de Mackau, dont l'absence momentanée me vaut l'honneur de vous présider aujourd'hui. (*Applaudissements.*)

Je ne pensais guère me trouver un jour à une telle place et dans de telles circonstances, lorsqu'en 1871, le cœur serré, je quittais devant l'envahisseur le pays de ma jeunesse. (*Vifs applaudissements.*)

Ma ville natale, Mulhouse, n'avait jamais été allemande, et mon grand-père était bourgeois de la ville quand, en 1798, la petite république demanda librement sa réunion à la France. (*Applaudissements unanimes.*)

A ce moment, l'Alsace et la Lorraine étaient déjà françaises : le pays de Metz depuis 1552, l'Alsace depuis 1648, la totalité de la Lorraine depuis 1766.

Elles l'étaient profondément, et s'il en eût fallu la preuve, l'annexion à l'empire allemand l'eût donnée. N'est-ce pas, en effet, devant les baïonnettes mêmes de l'ennemi, qu'eurent lieu les élections tragiques, où les trente-six députés des deux provinces reçurent, d'un suffrage unanime, le mandat de protester, à l'Assemblée nationale, contre cette annexion ? (*Applaudissements répétés sur tous les bancs.*)

Vous vous souvenez des termes émouvants dans lesquels, à Bordeaux, ils déclarèrent nul et non avenu le pacte qui disposait des populations de l'Alsace-Lorraine sans leur consentement, et vous avez, présent à l'esprit, l'engagement solennel qu'ils prenaient en leur nom, de rester fidèles à la France. (*Très bien! très bien!*)

Jamais engagement ne fut plus scrupuleusement tenu; vous le savez. Mais surtout peuvent le savoir ceux qui, ayant là-bas laissé leurs souvenirs et leurs espérances, ont suivi, jour par jour, le martyre de l'Alsace-Lorraine et son indomptable résistance. (*Applaudissements.*)

Il faut que cette fidélité trouve sa récompense; il le faut pour elle; il le faut pour la France; il le faut pour le monde. (*Vifs applaudissements.*)

A leur protestation, les mandataires de l'Alsace-Lorraine, en termes prophétiques, avaient ajouté que les nations civilisées devaient à leur propre conservation d'interdire de pareilles violations du droit, et qu'à les tolérer, elles risquaient de se trouver les victimes de nouveaux attentats. (*Très bien! très bien!*)

Ces attentats se sont produits; ni la Serbie, ni la Belgique n'auraient sans doute eu le sort que leur réservait l'Allemagne, si celle-ci ne s'était, vis-à-vis d'elles, sentie forte du précédent de l'Alsace-Lorraine. (*Applaudissements.*)

L'injustice de 1871 est la cause de toutes celles qui ont suivi. C'est elle qu'il faut réparer, si nous voulons que les horreurs d'aujourd'hui ne se renouvellent pas. (*Applaudissements.*)

C'est ce que vient de proclamer Lloyd George, interprète de la conscience de l'humanité, en disant : « Nous voulons aussi soutenir jusqu'à la mort la démocratie française dans ses demandes de revision de la grande injustice commise en 1871. » (*Vifs applaudissements.*)

En tous cas, nous avons le droit de compter sur la victoire.

Cette victoire nous l'aurons, grâce à notre admirable armée, qui donne chaque jour de nouvelles preuves de son héroïsme. (*Applaudissements.*)

Nous l'aurons, grâce au concours puissant des plus nobles nations du monde, qui se sont ralliées à notre cause, parce que nous défendons les idées de justice et de liberté. (*Applaudissements.*)

Envisageons donc l'avenir avec confiance. Nous aurons encore de nombreuses difficultés, pendant la guerre et après la paix, mais avec le merveilleux ressort de notre race, nous saurons les surmonter. (*Très bien! très bien!*)

Ces difficultés-mêmes, les restrictions qui nous seront imposées, le retour à une vie plus simple et, par conséquent, plus saine, où le sentiment constant des devoirs de solidarité et de fraternité devra occuper la première place, tout cela trempera nos caractères et fortifiera nos volontés. (*Applaudissements.*)

Ainsi, comprenant les devoirs qui nous incombent comme représentants du pays qui a le droit d'attendre de nous une attitude toute de conscience, de désintéressement et de patriotisme, nous aurons les forces voulues pour réaliser le travail nécessaire.

Il nous faudra parer aux charges financières par un esprit de sacrifice qui devra s'appliquer tout d'abord aux privilégiés de la fortune (*Applaudissements unanimes.*); il faudra combler les vides de notre population en développant l'esprit de famille; sauver les qualités physiques de notre race en proscrivant l'alcool (*Applaudisements*), maintenir notre influence à l'étranger par une expansion plus grande de notre jeunesse, relever les ruines en poussant à son maximum notre développement agricole, industriel et commercial. (*Très bien! très bien!*)

Il faudra que dans tout le pays, comme dans cette enceinte, subsiste l'union sacrée, et qu'aux élections prochaines, par un geste de justice et de reconnaissance, il soit donné aux femmes le bulletin de vote, pour leur admirable attitude pendant la guerre. (*Applaudissements vifs et répétés.*)

Il faudra, enfin, que les luttes de parti disparaissent devant les préoccupations des seuls intérêts de la France. Ce sont là, mes chers collègues, les vœux que je forme pour notre patrie bien-aimée. Mon âge ne me permettra sans doute pas de les voir réalisés...

(*Voix nombreuses.* Si! si!)

...mais si les hommes passent, notre terre généreuse les remplace sans cesse.

Après tant de luttes, de deuils et d'épreuves, si vaillamment supportés, j'ai la certitude qu'une ère nouvelle se lèvera : la justice divine fera son œuvre. (*Applaudissements.*)

Mais aujourd'hui, c'est la guerre, et nous n'avons qu'une volonté, celle de vaincre.

C'est devant nos héros qui luttent pour la France, devant nos mutilés et nos morts, qu'en notre nom à tous je m'incline, en leur offrant l'hommage de notre éternelle reconnaissance. (*Vifs applaudissements unanimes et prolongés.*)

———————

Le journal " Le Temps " a salué ce discours par des paroles que nous tenons à rappeler à nos compatriotes.

Le hasard des présidences d'âge a donné la parole aujourd'hui à M. Jules Siegfried. La France doit à l'Alsace cet excellent et utile citoyen, qui a maintenu dans la grande patrie la tradition de la petite patrie, et qui, soit comme maire du Havre, soit comme membre de nos Assemblées, a rendu tant de services à la chose publique. L'exemple de M. Jules Siegfried et de quelques autres, issus de la même origine. est là pour démontrer que la grande famille française ne serait pas au complet, si le rameau alsacien n'y était pas toujours représenté. Il nous faut cet apport de sens pratique et froid, de vertus morales, parfois d'expression un peu rude, mais qui cache à peine la bonté foncière et d'inépuisables trésors de bonhomie. Il nous faut cette application au travail, ce sérieux et cette ténacité qui a été mise depuis quarante années à de si rudes épreuves.

C'est M. Millerand qui, dans une conférence sur la guerre, a dit le premier que le signe évident du triomphe du droit serait le retour de l'Alsace à la France. M. Pichon a repris cette idée si juste dans son récent discours à la Chambre. M. Lloyd George vient de lui donner une éclatante consécration au nom des alliés. La violation du droit commise en 1871 fut pour l'Europe et pour le monde une cause de ruines et de catastrophes. C'est elle qui a proclamé pour un temps la royauté de la force et l'inanité du droit. C'est à cause d'elle que les peuples ont vécu pendant un demi-siècle dans la paix précaire et l'incertitude de l'avenir, contraints d'accroître sans cesse leurs armements, avec l'espérance illusoire d'éviter peut-être, d'ajourner tout au moins le conflit inévitable. Le retour de l'Alsace-Lorraine à la France sera le sceau de la paix future, le symbole qui sera compris du monde entier.

M. Jules Siegfried a rappelé que sa ville natale, Mulhouse, république indépendante, avait demandé librement sa réunion à la France en 1798. Le pays de Metz était français depuis 1552, l'Alsace depuis 1648, la totalité de la Lorraine depuis 1766. Ajoutons que l'acte de violence de 1871 a permis aux deux provinces de retremper pour ainsi dire leur âme dans le deuil et dans les persécutions sans nombre. Ce mauvais rêve va finir. En terminant son discours, d'un accent si sobre et si émouvant, rempli d'idées généreuses et fécondes, M. Jules Siegfried a tracé l'œuvre de reconstitution nationale que nous devrons accomplir après la guerre. Pour toutes les parties de cette grande tâche, à la fois matérielle et idéale, pratique et morale, relèvement économique, union des Français, oubli de l'esprit de parti, développement de l'esprit de famille pour combler tant de vides au foyer, l'inspiration et la collaboration de l'Alsace et de la Lorraine seront les bienvenues. Les autres provinces de France les appellent de tous leurs vœux et du plus profond de leur cœur.

La Question de l'Alsace-Lorraine.

La question de l'Alsace-Lorraine n'est pas née d'hier seulement; 1871 et le traité de Francfort n'ont fait que la poser à nouveau. Elle date, en effet, des temps de l'Alsace celtique, alors que Jules César repoussait victorieusement l'invasion des Suèves d'Arioviste et fixait pour trois siècles les frontières de l'empire romain.

Elle a été résolue une seconde fois, lorsque les Francs de Clovis arrêtèrent, vers la fin du v⁰ siècle, les envahisseurs alamans à Tolbiac, et que les rois mérovingiens, puis Charlemagne et ses premiers descendants possédèrent sans conteste l'Alsace et la Lorraine. Lors du partage de Verdun (843), les deux régions devinrent la propriété du royaume de Lotharingie, enclavé entre la Francie occidentale et la Francie orientale.

C'est par le traité de Meersen (870), quand disparut le royaume de Lotharingie, que les territoires qui le composaient, toujours contestés à travers les siècles, furent joints pour une durée de près de huit cents ans au Saint Empire romain germanique, reconstitué par Othon le Grand.

Au cours du xvii⁰ siècle, les longues luttes de la guerre de Trente Ans, puis celles de Louis XIV ramenèrent l'Alsace à la Francie occidentale sous la monarchie des Bourbons. Enfin, les derniers restes des petites souverainetés germaniques disséminées entre la Sarre, les Vosges et le Rhin, disparaissent au sein de l'unité française dans la grande tourmente de la Révolution.

C'est là. dans un croquis tout-à-fait sommaire, le résumé du développement historique de l'Alsace. Mais en politique et selon le droit des gens moderne, il ne s'agit pas seulement de fixer les différentes phases d'un développement historique, de noter les traditions du passé, ou même la communauté des mœurs et du langage. Ce qui importe avant tout, c'est la volonté nette et claire des populations actuelles, des générations vivantes, d'appartenir à tel groupe national ou à tel autre, car il existe des affinités électives qui dépassent et annulent les affinités de langue et de race.

Or, s'il est incontestable que la majeure partie des populations rurales dans les régions annexées parlent des dialectes allemands; si l'on peut admettre que les anciennes populations celtiques ont été refoulées et partiellement écrasées par les invasions germaniques dans la plaine entre les Vosges et le Rhin, on peut affirmer, avec non moins de certitude, que les habitants de l'Alsace-Lorraine, héritiers des sentiments de la génération précédente — j'entends ceux qui ne sont pas des immigrés teutons, venus dans les cinquante dernières années — ont conservé à la France, qui représente pour eux les grands principes de liberté, d'égalité, de justice, un attachement profond que ni les ans, ni les vexations de tout genre n'ont pu affaiblir dans leurs cœurs.

Comment d'ailleurs en aurait-il pu être autrement?

I

Quand, vers le 15 juillet 1870, ils se rendirent compte que la lutte allait éclater entre Napoléon III et Guillaume Ier, ils étaient incorporés depuis deux siècles à la monarchie française. Celle-ci avait respecté leur langue, leurs usages et leurs coutumes. Elle n'avait ni réglementé leurs écoles, ni contraint leurs fils au service militaire.

Depuis 1789, les Alsaciens s'étaient, en majeure partie, de plus en plus étroitement liés, de cœur et d'esprit, à la France moderne, issue de la Révolution. Ils avaient pris une part glorieuse aux guerres de la République et de l'Empire, par Kellermann et Lefebvre, Rapp et Kléber, par les milliers de soldats qui combattirent sous les ordres des généraux issus de leur propre pays.

Aussi cette population alsacienne, si française de cœur, se sentit-elle directement menacée dans ses aspirations politiques et dans sa vie même, quand la guerre de 1870 fut déclarée. Nous connaissions les revendications plus ou moins ouvertement formulées par les patriotes allemands depuis 1815, et leurs rancunes profondes contre le pays qu'ils nommaient « l'ennemi héréditaire ». Nous connaissions aussi la puissance matérielle des adversaires de la France, préparés de longue date pour une agression que nos gouvernants d'alors n'avaient point su prévoir.

Dès le premier jour, le *Courrier du Bas-Rhin*, de Strasbourg, l'organe principal de l'opposition libérale en Alsace, déclarait que « chez nous on n'a qu'une seule pensée, qu'un seul espoir : voir la France sortir victorieuse de la lutte qui va s'ouvrir. L'Alsace donnera l'exemple de l'union patriotique. En 1792, en 1815, elle a montré qu'elle connaissait ses devoirs nationaux; elle le montrera encore en 1870. Devant le danger il n'y a plus de partis, il n'y a plus que des Français.... il n'y a plus en France qu'une seule devise, un seul mot d'ordre : « Que le salut de la Patrie soit la loi suprême! »

Malheureusement, les faits prochains démentirent bien cruellement cet espoir et cette confiance du début. Par l'incroyable désorganisation de tous les services, par le gaspillage des ressources matérielles, par l'incapacité de la plupart des généraux et de l'empereur lui-même, quelques semaines à peine s'étaient écoulées depuis la déclaration de guerre du 19 juillet, que déjà l'Alsace était non seulement envahie, mais occupée toute entière, à la suite des batailles de Wissembourg (4 août) et de Wœrth (6 août), perdues l'une et l'autre contre des forces bien supérieures.

Le siège de Strasbourg commençait le 13 août et prenait fin le 27 septembre, après un bombardement terrible, qui réduisit en cendres la citadelle, la Bibliothèque publique, le Musée, l'église du Temple-neuf, deux faubourgs, nombre d'édifices publics et privés de la ville, et fit plus de 2.300 victimes (tués et blessés) rien que dans la population civile. Les Allemands entrèrent à Colmar dès le mois de septembre; ils occupèrent Mulhouse vers le 3 octobre; Schlestadt bombardé, capitula le 24 octobre; Neuf-Brisach incendié aux trois-quarts, ouvrit ses portes le 10 novembre. Seul, Belfort, en terre d'Alsace, maintenait encore le drapeau tricolore, et c'est le 18 février 1871 seulement que le brave colonel Denfert évacua, sur l'ordre du Gouvernement de la Défense nationale, la place qu'il avait si vaillamment défendue pendant plus de cent jours.

II

A cette date, depuis des semaines déjà, le sort de l'Alsace était décidé. L'épuisement des ressources de la capitale avait amené la signature de l'armistice de Versailles, le 29 janvier 1871, et dès lors il n'était pas difficile de prévoir l'avenir prochain de l'Alsace et de la partie de Lorraine convoitée par l'Allemagne.

Sans doute, le nouveau gouvernement impérial, proclamé le 18 janvier, — l'orgueil brutal du vainqueur teuton avait choisi pour cette cérémonie la galerie des glaces du palais de Louis XIV, à Versailles, — permit aux populations dont il réclamait l'annexion, d'envoyer des députés à l'Assemblée Nationale qui devait se réunir à Bordeaux, pour décider de la guerre ou de la paix. Mais il l'avait permis dans la conviction raisonnée que cette Chambre française consentirait à tous les sacrifices pour s'assurer la paix, quelque douloureux qu'ils fussent.

Malgré les difficultés matérielles et morales de tout genre, les populations destinées à être la rançon de la paix surent comprendre leur devoir et y satisfaire avec une énergie qui inspira et inspirera toujours le respect. Parmi les députés des départements du Rhin en particulier, les noms les plus connus, sont ceux de Gambetta, Küss, Teutsch, Kablé, Denfert-Rochereau, Grosjean, Keller, Scheurer-Kestner. Mais *tous* sans exception étaient des patriotes courageux et fidèles. Sur leurs noms, aucune équivoque ne pouvait se produire à ce moment de douleur suprême.

* * *

Dans la séance du 17 février, Keller, prenant la parole au nom de ses collègues des quatre départements convoités en totalité ou en partie par l'impérialisme germanique, déposait sur le bureau de l'Assemblée le projet de résolution suivant :

« L'Alsace et la Lorraine ne veulent pas être aliénées. Associées depuis plus de deux siècles à la France dans la bonne comme dans la mauvaise fortune, ces deux provinces sans cesse exposées aux coups de l'ennemi se sont constamment sacrifiées pour la grandeur nationale. Elles ont scellé de leur sang l'indissoluble pacte qui les attache à l'unité française... Mises aujourd'hui en question par les prétentions étrangères, elles affirment, à travers les obstacles et tous les dangers, sous le joug même de l'envahisseur, leur inébranlable fidélité. Tous unanimes, les citoyens..... signifient à l'Allemagne et au monde l'immuable volonté de l'Alsace et de la Lorraine de rester françaises..... L'Alsace et la Lorraine protestent hautement contre toute cession; la France ne peut la consentir, l'Europe ne peut la sanctionner. En foi de quoi nous prenons nos concitoyens de France et les gouvernements des peuples du monde entier à témoin que nous tenons d'avance pour nuls et non avenus tous actes ou traités, vote ou plébiscite, qui consentiraient à l'abandon, en faveur de l'étranger, de tout ou partie de nos provinces..... Nous proclamons par les présentes à jamais inviolable le droit des Alsaciens et des Lorrains de rester membres de la nation française et nous jurons, tant pour nous que pour nos commettants, nos enfants et leur descendants, de

les revendiquer éternellement et par toutes les voies, envers et contre tous les usurpateurs ! » (1).

*

Hélas! la décision des royalistes et des ruraux de l'Assemblée Nationale était arrêtée d'avance : ils étaient fatigués de la lutte militaire, bien que des généraux éminents, comme Chanzy, affirmassent qu'elle était encore possible; ils songeaient bien plutôt à écraser la République que les Prussiens!

Pourtant, à la séance du 1er mars, Keller reprenait la parole pour plaider, encore une fois, cette cause momentanément perdue. *« Celui qui devait parler à ma place, disait-il dans son exorde, le Maire de Strasbourg, le doyen de notre députation* (c'était le professeur Küss) *à l'heure où je vous parle, se meurt de douleur et de chagrin; son agonie est le plus éloquent des discours ».*

Keller réitérait ensuite sa protestation désespérée :

« Il n'y a pas de puissance au monde, il n'y a pas de signature, ni de l'Assemblée, ni de la Prusse, qui puisse nous empêcher de rester Français... Par votre traité, vous livrez à l'empire d'Allemagne des populations entières dont les enfants seront obligés de servir les desseins ambitieux et despotiques de l'Allemagne. A mes yeux, c'est la plus criante, la plus cruelle, la plus abominable des injustices .»

Et il concluait par ces paroles qui vibrèrent alors dans nos cœurs avec une intensité douloureuse : *« Je n'ai plus,*

---

(1) Voir « *Chiffons de papier qui n'ont pas été déchirés : La France et l'Alsace à travers l'histoire*, par Rodolphe Reuss, avec Préface de Paul Deschanel. In-4°, Paris, Librairie Fischbacher, 1916.

*à l'heure qu'il est, la prétention de changer les dispositions
trop arrêtées dans un grand nombre d'esprits. Seulement
j'ai tenu, comme Alsacien et Français, à protester, avant
de quitter cette enceinte, contre un traité qui à mes yeux
est un mensonge et un déshonneur, et si l'Allemagne devait
le ratifier, d'avance j'en appelle à Dieu vengeur des justes
causes ; j'en appelle à la postérité qui nous jugera les uns
et les autres ; j'en appelle à tous les peuples qui ne peuvent
pas indéfiniment se laisser vendre comme un vil bétail ;
j'en appelle, enfin, à l'épée de tous les gens de cœur, qui,
le plus tôt possible, déchireront ce détestable traité ! ».*

Objurgations impuissantes, protestations qu'a recueillies
l'histoire, mais pour l'heure d'alors inutiles ! Le vainqueur
occupait la moitié du territoire français, menaçant de
reprendre l'offensive. Le chef du pouvoir exécutif,
M. Thiers, tout en qualifiant le traité de « malheureux »,
en demandait l'acceptation rapide aux députés. Il fut voté,
ce même 1er mars 1871, à une énorme majorité (par
548 voix contre 107).

C'est alors qu'un autre des députés de l'Alsace,
M. Grosjean, l'ex-préfet du département du Haut-Rhin,
monta à la tribune pour donner lecture des déclarations
suprêmes de ceux qu'on allait livrer, disait-il, à la domi-
nation de l'étranger, au mépris de toute justice et par
un odieux abus de la force :

*« Nous déclarons encore une fois nul et non avenu un pacte
qui dispose de nous sans notre consentement. La revendication de nos droits reste à jamais ouverte à tous et à chacun, dans la mesure que notre conscience nous dictera. Au
moment de quitter cette enceinte... la pensée suprême que
que nous trouvons au fond de nos cœurs est une pensée
d'inaltérable attachement à la patrie dont nous sommes*

*violemment arrachés... Nous attendons avec une entière
confiance dans l'avenir que la France régénérée reprenne
le cours de sa grande destinée. Vos frères d'Alsace et de
Lorraine, séparés en ce moment de la famille commune,
conserveront à la France absente de leurs foyers une
affection fidèle jusqu'au jour où elle viendra y reprendre
sa place (1) »*.

III

Trois années se passèrent, années douloureuses entre
toutes. Car, l'Allemagne dominatrice s'appliqua, dès les
premiers jours, non pas seulement à exploiter toutes les
ressources matérielles du nouveau *pays d'Empire*, mais
encore à briser la mentalité rebelle des habitants, par
toutes sortes de procédés insidieux ou brutaux, par une
surveillance policière de toutes les heures, par l'introduc-
tion immédiate du service militaire obligatoire, et par le
baillonnement implacable de l'enseignement public.

L'option pour la nationalité française, autorisée par le
traité de Francfort, dut s'exécuter dans les conditions les
plus fâcheuses, amenant par milliers, dans les familles,
des conflits d'intérêts et de sentiments les plus pénibles,
aussi bien pour celles qui se résignaient à quitter le sol
natal pour rester françaises, que pour celles qui durent
renoncer à la Patrie pour mourir aux lieux qui les avaient
vu naître.

Des milliers d'habitants des territoires annexés ont
encore franchi la frontière, dans les années qui suivirent.

---

(1) Même ouvrage que ci-dessus.

En fait, cette émigration n'a jamais cessé entièrement jusqu'au jour où la présente guerre fut déclarée.

Par contre, de 1871 jusqu'à ce jour, d'autres centaines
de milliers d'immigrés teutons, hauts et petits fonction-
naires, mercantis, spéculateurs de toute espèce, sont
venus se déverser sur l'Alsace-Lorraine, vraie terre de
Chanaan pour les quémandeurs faméliques des régions
d'outre-Rhin.

*
* *

Malgré toute cette misère indicible, quand, pour la première fois en février 1874, les annexés furent admis à
envoyer des représentants au Parlement de Berlin, l'opinion alsacienne-lorraine se montra aussi ferme, aussi
tenace que lors des élections de l'Assemblée de Bordeaux.
Les candidats *protestataires* s'unirent et obtinrent
192.600 voix contre 37.900 suffrages donnés aux *autonomistes* plus ou moins ralliés, et contre 9.800 voix que les
premiers immigrés allemands fournirent à quelques-uns
de leurs compatriotes.

Ce fut un des anciens députés de Bordeaux,
M. Édouard Teutsch, qui fut chargé par tous ses collègues de renouveler la protestation de 1871 et de récla-
mer une consultation vraiment libre des populations
annexées, au sujet de leurs destinées futures.

Étant donné la mentalité politique de l'Allemagne grisée
par la victoire, la « proposition Teutsch et consorts »,
présentée à la tribune de Berlin le 18 février 1874, n'avait
pas la moindre chance d'aboutir. Mais, l'orateur put à
peine se faire entendre au milieu du tumulte indescrip-
tible, entre les rappels à l'ordre cassants du président

Forckenbeck et les ricanements cyniques de la majorité de
l'assemblée.

Un intermède inattendu surtout fut fort applaudi par le
Reichstag. On aurait dit que cette puissante assemblée
voulait ajouter encore au froissement profond que cet
incident de séance causa à la poignée de députés alsaciens-lorrains, et à l'opinion publique du malheureux
petit pays. La moitié de nos députés environ apparte-
naient au clergé, en tête, les deux évêques de Metz et de
Strasbourg. Tandis que Mgr Dupont-des-Loges se dis-
tingua, dès le début et pendant sa longue carrière épisco-
pale, par la fermeté si digne de son attitude vis-à-vis de
l'Allemagne, on vit dans cette mémorable séance, l'évêque
octogénaire de Strasbourg, Mgr Raess, se dresser à son
banc et déclarer « que pour lui et pour ses coreligion-
naires, le traité de Francfort, conclu entre deux grandes
nations, ne devait pas être mis en question (1) ». Cette
affirmation catégorique, cette conduite « absolument injus-
tifiable », comme la qualifiait un de ses collègues lorrains,
mit fin à tout débat. Le président le déclara clos avant
qu'il ne fut vraiment ouvert. La motion Teutsch fut rejetée
par la presque totalité des votants, sauf la fraction polo-
naise et quelques rares socialistes. La plupart de nos
députés quittèrent Berlin, considérant leur tâche comme
terminée, le seul mandat qu'ils eussent reçu étant de
protester contre l'annexion de leur pays à l'Empire
allemand et d'affirmer notre droit de disposer de nous-
mêmes.

---

(1) Voir le discours entier dans *La Question d'Alsace-Lorraine*,
par V. H. Friedel, pages 101 et ss. Paris, Librairie Fischbacher, 1917.
— Fasc. I des *Voix d'Alsace et de Lorraine*.

IV

Depuis, chaque fois que l'heure du scrutin sonnait pour l'Alsace-Lorraine, cette protestation s'est reproduite à nouveau, tantôt voilée et discrète, selon les circonstances du moment, tantôt avec une spontanéité irrésistible, comme en 1887. C'était alors en Allemagne la crise du septennat militaire et du boulangisme en France. A la date du 24 février, sortit des urnes du pays d'Empire, l'unanimité des députés protestataires, élus par une énorme majorité de 247.000 votants sur 314.000 électeurs inscrits.

Si, après 1887, ce merveilleux élan ne s'est plus renouvelé, si les députations furent panachées d'autonomistes, de certains cléricaux ralliés et, plus tard, de socialistes, notre petit pays ne manqua jamais d'interprètes autorisés de ses sentiments intimes. Aux Teutsch, aux Winterer et aux Kablé, ont succédé les Preiss, les Blumenthal et les Wetterlé. A travers toutes les modifications, plus apparentes que réelles, de la dictature impériale, pendant les quarante-quatre années qui s'écoulèrent avant la guerre actuelle, il n'y a point eu prescription pour le fait même de l'annexion et, comme on l'a déjà dit, aucun vote autorisé n'en accorda jamais l'oubli ni le pardon, aucun vote ne permet de dire qu'elle fut acceptée par ceux qui en furent les victimes.

J'en atteste l'aveu que le successeur de Bismarck, le chancelier de Caprivi, a fait devant le *Reichstag*, le 10 juin 1890 : *« C'est un fait qu'après dix-neuf années d'annexion, l'esprit allemand n'a fait en Alsace aucun progrès. »*

Six ans plus tard, Jacques Preiss, le vaillant député de Colmar qui vient de mourir, interné, à Munich, pouvait s'écrier fièrement à la tribune de Berlin, le 30 juin 1896 : « *Messieurs, le peuple alsacien et lorrain fut protestataire en 1871. Il a protesté par la voix de ses représentants, spécialement élus à cet effet, contre l'annexion à l'Allemagne. Cette protestation n'a été écartée depuis ni en droit, ni en fait... L'assimiliation, la germanisation du pays n'a pas fait un pas jusqu'à ce jour* ».

Cela est encore vrai, malgré certaines apparences, d'aucuns ayant préféré plier plutôt que de se laisser briser, malgré certaines défaillances individuelles assurément regrettables. L'antipathie profonde contre le régime allemand s'est plutôt accentuée et généralisée dans les quinze dernières années, grâce aux maladresses incessantes d'une bureaucratie incapable de comprendre la mentalité des annexés, ou s'appliquant même à raviver la colère publique par des vexations inintelligentes autant que mesquines. Les « affaires » de Graffenstaden (1912) et de Saverne (1913), dont tout le monde a conservé le souvenir attristant, ont fait toucher du doigt à toute l'Europe intelligente l'insolente fatuité du régime prussien et la servilité dégradante de ses instruments dociles en Alsace-Lorraine. Cependant, cette même Europe, en armes aujourd'hui, pour écraser cette quasi-féodalité brutale, n'osait pas intervenir en faveur du droit opprimé.

V

Survint, en juillet 1914, l'attentat monstrueux contre la paix mondiale — soigneusement élaboré dans les conciliabules de Potsdam, que nous connaissons aujourd'hui.

A l'heure présente l'Europe, l'Asie, l'Afrique, l'Océanie, et finalement l'Amérique elle-même sont entraînées dans le plus vaste des conflits que l'Histoire ait encore vu. Le traité de Francfort a été déchiré des propres mains de l'Allemagne, à la date du 3 août. La France est en droit désormais, de revendiquer ses provinces perdues, « après avoir consenti », comme l'a dit le Président du Conseil, M. Viviani, dans la séance à jamais mémorable de la Chambre des Députés, « à la paix de l'Europe le sacrifice sans précédent de porter pendant un demi-siècle à ses flancs la blessure ouverte par l'Allemagne. »

A mesure que la lutte s'accentuait; que la plaie s'élargissait par la dévastation sauvage de la Belgique et de nos départements du Nord-Est; que nos alliés et nous nous battions en Alsace, sur la Marne, sur l'Yser, en Champagne, sur la Somme, la conviction s'établissait plus entière, en France, en Europe et dans le monde, que la délivrance de l'Alsace-Lorraine devra être et sera l'un des buts de la paix qui terminera la guerre à nous imposée par l'empereur Guillaume II. Il ne peut être question pour personne d'arrêter la lutte avant que la France ait retrouvé ses frères perdus que lui arracha jadis Guillaume Ier, « l'inoubliable grand-père ».

La conscience universelle a ratifié les déclarations répétées depuis, à maintes reprises, par les pouvoirs publics de notre pays. L'Angleterre, l'Italie et les États-Unis de l'Amérique du Nord, pour ne nommer que nos grandes alliées démocratiques—et la Russie même, avant et pendant son bouleversement — ont successivement, d'un accord unanime, proclamé le droit imprescriptible de la France à récupérer les lambeaux de son territoire qui lui furent ravis naguère par la force. La justice imma-

nente fera triompher la cause de la France. Quelle que
soit la résistance du désespoir des Empires Centraux, cette
guerre aboutira à la réintégration de l'Alsace-Lorraine au
sein de la patrie française. Les nations groupées pour la
défense du droit ne cesseront de combattre que lorsque
cette réparation de la violence immorale de 1871 sera un
fait accompli, comme aussi la restauration intégrale de la
Belgique, de la Pologne et de la Serbie.

IV

Faut-il, pour que cette restitution du bon droit de la
France s'accomplisse, avoir recours directement, une fois
de plus, aux intéressés eux-mêmes? Aux Alsaciens-
Lorrains? Faudrait-il accorder créance aux déclarations
imposées à certains comparses sans mandat, instruments
serviles des pangermanistes de Berlin, qui viennent
affirmer que l'Alsace et la Lorraine annexées ne veulent
pas cesser d'être allemandes?

Personne, ni en Europe, ni au delà des mers, ne sera
dupe de ces mensonges intéressés. Et personne aussi ne
se laissera prendre aux sophismes de certains meneurs
internationaux, aux théories de certains pacifistes naïfs,
qui, dupeurs ou dupés, nous proposent et même nous
somment de consulter tout d'abord les populations elles-
mêmes sur le fond de la question.

Comme si la volonté des représentants légitimes de
l'Alsace-Lorraine n'avait pas été nettement proclamée à
Bordeaux d'abord, à Berlin ensuite ! Comme si la résistance passive, mais opiniâtre, de ces populations n'avait
été maintes fois reconnue par les tyrans eux-mêmes !

Comme si, hier encore, des milliers de braves gens, s'exposant aux plus cruels châtiments pour franchir la frontière et venir combattre sous nos drapeaux, n'avaient prouvé, de la façon la plus évidente, quels sont les sentiments intimes de nos populations, non pas seulement des vieux, mais des générations actuelles!

*
* *

Comment s'opérerait d'ailleurs, à l'heure actuelle, ce fameux pléblicite que d'aucuns nous proposent?

Ils ignorent donc, ces théoriciens benêts, qu'à l'heure présente, il y a plus de trois cent mille *Vieux Allemands* et leurs rejetons qui habitent en pays annexés? Les refouleront-ils en masse, au-delà du Rhin, pour qu'une consultation légitime et sérieuse des *véritables* Alsaciens-Lorrains puisse être faite?

Ils n'ignorent pas, je suppose, qu'un nombre infiniment plus grand encore d'originaires des pays annexés et de leurs descendants existent non seulement en France, mais en Suisse, en Belgique, en Angleterre, dans les deux Amériques, partout dans le monde entier, dispersés par la tempête de 1871, mais conservant au cœur le souvenir de la terre natale. Ceux-là, m'est avis, auraient un peu plus le droit de se prononcer sur la question de savoir à qui doit appartenir leur pays d'origine, que les immigrés teutons qui se sont rués sur l'Alsace-Lorraine pour l'exploiter.

Et quand aurait lieu ce scrutin?

Il faudrait, sans doute, pour satisfaire ces grands docteurs en droit des gens, socialistes ou pacifistes, appeler les populations au scrutin, sous la protection des baïonnettes allemandes, sous la surveillance paternelle des directeurs de cercle et des commissaires de police. Car, si l'on expulsait d'abord les autorités germaniques et leur clientèle, ils seraient capables de déclarer gravement que le scrutin n'a été ni libre, ni sincère!

Il suffit d'énoncer clairement de pareilles prétentions, pour qu'elles soient condamnées au nom du bon sens et de la justice. Il y a mieux à faire, assurément.

Quand nos armes auront chassé l'usurpateur teuton de Mulhouse, de Colmar, de Metz, et de Strasbourg; quand l'Alsace-Lorraine sera libérée du joug qui pèse sur elle depuis quarante-huit ans; quand on la consultera, non par un plébiscite à la Bonaparte, mais en l'appelant à la libre élection de ses représentants au Parlement de la République Française, on verra ce qu'elle pense et ce qu'elle veut.

Je ne suis pas prophète, mais j'ai la conviction absolue qu'au Palais-Bourbon ce ne seront pas les députés du Haut et du Bas-Rhin, de la Meurthe et de la Moselle qui protesteront jamais contre le retour à la mère patrie. Dans aucune région de notre territoire, on n'en trouvera pour pousser avec plus d'enthousiasme qu'eux-mêmes, avec une émotion plus profonde, ce cri de : Vive la France! qui durant tant d'années de souffrances et de deuil se répétait dans tous les cœurs, sur les lèvres demi-closes des générations qui descendaient vers la tombe et sur celles des générations qui survivent.

Mais aussi, je le répète — et c'est pour le faire bien pénétrer, cette fois, dans le cœur et dans l'esprit de mes concitoyens de France que j'écris ces pages, — *il faut* que ce but soit atteint. *Il faut* que la parole solennellement engagée par le Président de la République, par tous les Présidents du Conseil qui se sont succédés au pouvoir, par MM. Viviani, Ribot, Painlevé et Clémenceau — témoin, celui-ci, de la promesse de 1871, — par le Maréchal Joffre, par celui que nos ouvriers de Strasbourg appellent déjà « notre Joffre », soit imperturbablement tenue, comme elle fut loyalement donnée.

Il faut que chaque citoyen français, quelles que soient d'ailleurs ses opinions politiques, sociales ou religieuses, se sente lié d'honneur à réaliser cette délivrance au prix des plus durs efforts et des plus cruels sacrifices. Car la France doit restaurer son unité nationale, afin de conserver l'estime et l'admiration du monde civilisé, tout en faisant triompher le Droit et la Liberté.

Des centaines de milliers de vaillants soldats sont tombés déjà pour cette cause sainte. Qui sait combien de milliers d'autres lutteurs succomberont encore à leur tour? Il n'est pas une seule famille de France qui n'ait à pleurer des morts. *Il faut* que de nos foyers désolés, de nos champs labourés d'obus et semés de cadavres, se lève une abondante moisson de justice!

Il faut que tous ceux que nous avons perdus ne se soient pas sacrifiés en vain *pour la liberté du sol de la Patrie, de la Patrie tout entière*, et qu'en pleurant nos enfants, nous puissions nous consoler, nous autres Alsaciens-Lorrains avec nos concitoyens de France, en nous rappelant les uns aux autres que leur sacrifice ne fut pas inutile et que, grâce à eux, malgré tout, leur terre natale est enfin redevenue libre et française!

VI

Les pages qui précèdent datent de l'été 1917; ils parurent alors dans le *Phare,* journal fondé par un Comité franco-américain, pour permettre à tant de nos vaillants soldats que les gaz enflammés, les balles et les éclats d'obus de l'ennemi avaient privés de la vue, de se tenir, grâce à l'écriture Braille, au courant de la lutte mondiale. On voulait leur donner une idée sommaire de cette question d'Alsace-Lorraine, beaucoup trop peu connue dans nos villes et dans nos campagnes, avant la crise d'août 1914.

Bien que, depuis, d'assez nombreux volumes et de plus nombreuses brochures aient traité ce sujet émouvant, d'une façon souvent très heureuse, M. Fischbacher, mon éditeur et mon vieil ami, a pensé qu'il ne serait pas absolument inutile de remettre cet exposé rapide sous les yeux d'un public plus étendu, en y ajoutant quelques considérations supplémentaires. Je l'adresse à mes compatriotes de France tout d'abord, aux lecteurs impartiaux des pays neutres, à tous les esprits libres enfin, accessibles à l'idée de justice dans toutes les contrées du monde civilisé.

Depuis que ces pages furent écrites, de nouvelles et terribles luttes se sont produites un peu partout en Europe, le long de ce front de plusieurs milliers de kilomètres qui s'étend de l'Euphrate au Pas-de-Calais. Certaines espérances que nous caressions alors ont été déçues, certains appuis qu'on estimait nécessaires nous font aujourd'hui brusquement défaut. Nos amis d'Italie qui se croyaient assurés d'entrer bientôt à Trente et à Trieste, ont vu soudain les Austro-Germains se ruer vers la plaine du Pô, menacer Venise et bombarder sauvagement des villes sans défense. Nos anciens alliés de Russie — ou du moins les gouvernants éphémères qu'ils subissent — semblent avoir répudié, malgré les engagements les plus solennels, cette fraternité d'armes à laquelle nous avions fait de si grands sacrifices; ils voient avec indifférence, dirait-on, leur empire s'émietter comme une masure vermoulue qu'abat la tempête, et l'anarchie la plus folle le pousser dans l'abîme d'une décomposition politique et sociale complète.

Mais d'autre part nous constatons aussi que déjà l'immense majorité du peuple italien s'est ressaisie, que les pouvoirs publics n'ont pas fléchi et que l'armée unie aux soldats de France et d'Angleterre, a repris énergiquement la lutte sur les contreforts des Alpes. Nous constatons surtout comment, de l'autre côté de l'Atlantique, la grande république américaine travaille pour participer, à bref délai, à la lutte mondiale. Jamais une démocratie d'esprit réaliste et d'humeur plutôt pacifique, n'a accompli en si peu de temps un effort aussi gigantesque que celui fourni par les concitoyens du président Wilson. Dans quelques semaines, peut-être, dans quelques mois, à coup sûr, des centaines de milliers de combattants, venus de toutes les régions de l'Union, viendront se ranger aux côtés des « poilus» de France et d'Angleterre, pour participer aux derniers et rudes combats qui précèderont le triomphe de la « juste cause ».

L'Histoire nous montre en cette occurrence qu'une action généreuse n'est jamais perdue et que, tôt ou tard, elle trouve sa récompense. Assurément les États-Unis ont d'excellentes et puissantes raisons pratiques pour combattre l'outrecuidance du pangermanisme qui prétend réduire tous les autres pays de l'univers au rang d'humbles vassaux économiques ou politiques. Qui sait cependant ce qu'a pu peser dans les balances de l'Union, au jour de la décision suprême, le souvenir de la venue de ces jeunes officiers français qui traversèrent la mer en 1776, pour combattre en volontaires sous les drapeaux des « insurgés » d'Amérique et dont l'exemple entraîna la Monarchie absolue de France à s'allier avec la jeune république des rebelles? Le mot heureux de l'officier américain qui, ces jours-ci, saluait au cimetière de Picpus la tombe du vétéran de toutes les luttes pour la liberté: « Lafayette, nous voilà! », ce mot peut être considéré comme le symbole d'une fraternité d'armes qui mènera certainement les alliés à la victoire.

Car l'Histoire est, quoiqu'on dise, une puissante consolatrice pour qui sait l'étudier et la comprendre, et celle d'aujourd'hui se révèle à nous comme vengeresse des injustices du passé. Elle nous apprend, par une leçon de faits irréfutable, que les attentats contre la conscience et la liberté des peuples, même les plus victorieux en apparence, sont tôt ou tard punis. Quand, au lendemain de la bataille de la Montagne Blanche (1620), les Habsbourgs écrasaient la Bohême et la réduisaient à la servitude politique, intellectuelle et morale la plus complète, ils croyaient bien — ils ont pu le croire pendant deux siècles — que la nation tchèque avait cessé d'exister. Et pourtant, en ce moment la Bohême frémissante est debout, les régiments recrutés dans le pays se révoltent, des légions tchèques se forment sur le territoire de la république française et les représentants élus de la nation viennent, jusqu'à la tribune du *Reischrat* de Vienne, revendiquer courageusement leur autonomie complète.

Quand, en 1772, Frédéric II de Prusse et Catherine de Russie se partagèrent une première fois des lambeaux de la Pologne impuissante et divisée, et que Marie-Thérèse d'Autriche, « les larmes aux yeux », revendiqua sa part ; quand, en 1794, Thaddée Kosciusko tombait à Maciejovice, et que les trois « co-partageants » achevèrent leur œuvre en dépeçant ce qui restait de l'antique monarchie, on put croire en effet que c'était « la fin de la Pologne » Les insurrections successives, de 1830 à 1863, ne firent que rendre plus lourdes les chaînes dont elle était chargée. On la croyait pour toujours au tombeau, et voici qu'elle semble ressusciter des morts, que ses ennemis eux-mêmes simulent des sympathies à son égard et que ses fils accourent de partout, d'au-delà de l'Océan même, pour lutter contre ses oppresseurs et pour restaurer son indépendance perdue depuis plus d'un siècle et demi.

Quand les Danois annexés du Schleswig septentrional, malgré les promesses du traité de Prague, données par Bismarck à Napoléon, voyaient, après 1870, ces engagements foulés insolemment aux pieds par les vainqueurs de la France, ils ont pu craindre, pendant un demi-siècle, que jamais plus ils ne se verraient réunis à leurs frères du reste du royaume. Ils voient luire aujourd'hui la perspective consolante d'une délivrance prochaine, si leur formidable ennemi d'autrefois succombe dans la lutte actuelle.

Tous les petits groupes nationaux comprimés, étouffés, à demi détruits, la Serbie, la Finlande, l'Arménie peuvent espérer enfin vivre libres sous la protection des grandes puissances, alliées pour la défense du droit. Il n'est pas jusqu'aux restes des tribus d'Israël, dispersées par le monde, qui ne puissent rêver la reconstitution de l'antique patrie juive, grâce aux promesses qui leur ont été faites depuis que le Croissant ne domine plus à Jérusalem.

Tous ces succès, plus ou moins prochains, assurant la liberté des peuples, des faibles comme des puissants, nous les saluons en France de nos chaudes sympathies. Mais combien plus encore nos efforts les plus énergiques ne doivent-ils pas s'employer à la délivrance de l'Alsace-Lorraine, chair de notre chair, sang de notre sang, de cette Alsace et de cette Lorraine qui nous attendent depuis bientôt un demi-siècle, avec une foi si profonde, avec une confiance en l'avenir que ni les sarcasmes blessants, ni les violences sans nombre des ennemis (amendes, prisons, confiscations, exils et la mort même) ni les abandons égoïstes de certains « amis » n'ont pu détruire. Et pourtant l'Alsace sait quel est le sort qui l'attend, demain peut-être. L'empereur Guillaume, dans une de ses heures de franchise brutale, se sentant à moitié vaincu, s'est écrié, dit-on : « Si je dois la restituer jamais, *je ne la rendrai que chauve comme ma main* » (c'est-à-dire rasée de fond en comble), et il est probable qu'il s'efforcera, cette fois, de tenir parole. C'est à nous, c'est à nos alliés, d'empêcher à temps, par une offensive générale, l'exécution des projets sinistres de l'impérial bourreau. Car l'heure viendra — il est impossible qu'elle ne sonne pas au cadran des âges — où l'Alsace-Lorraine sera libre. Déjà, malgré les mailles de fer homicides qui se dressent le long de ses frontières, malgré tous les espions qui guettent ses paroles, malgré tous les gardes-chiourmes qui surveillent sa geôle, elle devine, elle pressent, elle sait que la délivrance approche; elle a entendu les échos des affirmations catégoriques des nations alliées de la France, qui se sont solidarisées avec elle pour la revendication des provinces arrachées en 1871. Elle sait que Lloyd George, le grand premier ministre de l'Angleterre, a promis de « combattre jusqu'à la mort » pour la libération de notre chère captive; elle sait que l'Italie veut Metz et Strasbourg pour la France, comme elle veut Trieste pour elle-même. Elle sait que ce grand honnête homme, digne successeur de Washington et de Lincoln, le président Wilson, a formulé des engagements analogues dans ses messages. Parlant au peuple russe — qui n'a pas su le comprendre — il lui a dit : « Le jour est venu de vaincre ou d'être vaincu... Si les forces de l'autocratie réussissent à nous diviser, nous serons écrasés. Si nous restons unis, la victoire est certaine, et de cette victoire, la liberté est le prix! » Et parlant à ses concitoyens d'Amérique, il leur a donné ce beau programme, en entrant dans la lutte : « Nous combattons pour ce que nous désirons et croyons être les droits de l'humanité et pour un avenir de sécurité et de paix dans le monde! »

*
* *

Il y a quarante-sept ans, quelques semaines avant la signature du fatal traité de paix de Versailles, un jeune professeur, vaincu de la veille, rédigeait à Strasbourg

— en langue allemande, pour être compris des vainqueurs — une petite brochure, *Protestation alsacienne, lettre ouverte à M. le professeur Henri de Treitschke*, qui fut imprimée à Genève dès que le manuscrit put franchir en contrebande la frontière. J'y répondais à ce séide de M. de Bismarck, infiniment plus connu comme pamphlétaire, alors, que comme historien, et qui venait de lancer une brochure pleine d'insolence et de fiel à l'adresse de la France à bout de forces et de l'Alsace démembrée. En présence des ruines encore fumantes de Strasbourg bombardé, de milliers de citoyens paisibles, de femmes et d'enfants tués ou blessés, le professeur de Heidelberg s'épanchait en un lyrisme sentimental de mauvais goût sur les beautés des sites vosgiens, sur la splendeur des cathédrales, sur les traditions germaniques des territoires reconquis, prodiguant entre temps son mépris aux Alsaciens assez stupides pour ne pas apprécier tout le bonheur d'être rendus à la Grande Allemagne, dont ils avaient désappris, hélas! « l'esprit monarchique », grâce à de trop nombreuses révolutions. Il annonçait aussi la ferme intention de la Germanie de ne jamais lâcher la riche proie qu'elle venait de saisir. « Nous savons mieux que ces malheureux, disait-il encore, quel régime est pour eux le meilleur et d'ailleurs nous ne sommes pas assez riches pour renoncer à pareille conquête. »

Malgré tout l'écrasement de la défaite qui pesait alors sur nos épaules, j'exprimais, en terminant cette réplique, le ferme espoir que, tout comme la Prusse avait vu Waterloo après avoir subi Iéna, l'heure de la résurrection viendrait aussi pour notre patrie, après toutes les tristesses de « l'année terrible ». Je disais : « Si cette heure tarde trop à sonner, si cette sombre nuit ne doit se dissiper qu'après que nous-mêmes nous dormirons déjà notre dernier sommeil, je mets ma confiance en cette vaillante jeunesse qui nous entoure, en ceux que vous appelez, avec une assurance présomptueuse, vos « petits garçons allemands ». Cette jeunesse, elle porte dans son cœur l'amour de la France et la haine des conquérants teutons; elle saura travailler à son tour à l'affranchissement de l'Alsace et finalement elle achèvera son œuvre. Car l'histoire universelle n'est pas, en définitive une simple accumulation de faits de force brutale, le jeu d'ambitions effrénées d'homme à homme et de peuple à peuple; elle est soumise à des principes éternels de morale sociale, et ceux qui les violèrent, pour puissants qu'ils fussent, n'ont jamais échappé au châtiment qui les attendait. »

« Plaintes vaines et ridicules d'un vaincu! » s'est dit sans doute le futur professeur et député de Berlin, s'il s'est donné la peine de parcourir cette *Protestation alsacienne*. Il m'a été donné de survivre de près d'un demi-siècle à cette prophétie de jeunesse, et je ne m'en félicite pas, puisqu'une mort clémente m'aurait épargné la douleur de bien des deuils cruels de ces quatre dernières années. Pourtant j'ai pu constater ainsi que les événements de ce laps de temps considérable, ne l'ont finalement pas démentie.

Le feu sacré de l'amour de la patrie absente a été pieusement transmis d'une génération à l'autre, et ceux-là même qui étaient nés légalement allemands, ceux qui n'avaient jamais vu flotter dans nos villes le drapeau tricolore, sont accourus par milliers, franchissant la frontière — qui n'en était pas une pour leurs cœurs — afin de combattre, de vaincre ou de mourir sous ses plis. Quant aux autres, moins heureux, qui n'ont pu s'échapper à temps, ils ont suivi tristement les aigles allemandes, et l'on savait bien à Berlin que ce n'étaient pas des combattants bien sûrs, puisqu'on les envoyait mourir sur le front oriental, s'ils ne parvenaient pas à déserter dans les lignes russes.

Si déjà, malgré tant d'obstacles, malgré de si longues années de servitude politique et morale, une pareille efflorescence de patriotisme a pu se produire dans l'Alsace enchaînée; si, selon la belle image de Jaurès, on n'a pu empêcher, malgré le mur énorme séparant l'Alsace de la France, la sève des racines de circuler dans le tronc, en dessous de la barrière, combien plus encore verra-t-on monter la sève patriotique, une fois que l'Alsace-Lorraine sera libre! Qui ne sait combien de généraux illustres, de braves officiers, d'intrépides soldats, d'ingénieurs, de savants et d'artistes elle a fournis à la France, depuis la Révolution jusqu'à ce jour? Quelles nouvelles forces, matérielles, intellectuelles et morales ne fournira pas à la patrie française la réunion de la mère à ses filles un moment perdues!

Mais avant d'escompter la victoire, il faut d'abord l'assurer; l'heure n'est pas propice pour rêver aux perspectives lointaines; elle doit appartenir toute entière à l'action, à l'action immédiate, à l'action virile jusqu'au sacrifice. Nos preux du moyen-âge partaient pour la Croisade au cri de : « Dieu le veut! ». C'est une guerre sainte aussi que mènent sur la crête des Vosges et dans leurs verdoyantes vallées nos vaillants soldats. Nos aïeux faisaient vœu de se consacrer à la délivrance du Saint-Sépulcre; aujourd'hui, c'est une victime vivante qu'il s'agit de délivrer. Il faut porter à l'Allemagne des coups assez terribles, pour qu'elle soit obligée de lâcher sa proie, et l'affaiblir assez pour qu'elle ne soit pas tentée de la ressaisir jamais. Ah! sans doute, le choc sera terrible, âpre la lutte, et c'est à flots que coulera le sang le plus généreux, quand déjà tant de nos chers morts sont tombés sur le champ de bataille. Mais il faut faire encore ce dernier sacrifice. Que chacun de nos combattants, en cette heure suprême qui s'approche et qui peut-être sonnera demain, se jure à lui-même de vaincre ou de périr, de ramener en triomphe la *Marseillaise* sur le sol qui l'a vu naître, de faire flotter de nouveau aux tours de la Cathédrale de Strasbourg ces drapeaux tricolores qui, aux temps de la Révolution, annonçaient aux populations d'outre-Rhin que « là commence le pays de la liberté ». Si ce serment est prêté — et quel est le cœur de brave qui s'y refuserait? — si ce serment est tenu, l'Alsace sera sauvée, et le monde civilisé tout entier délivré de l'horrible cauchemar que le monstre pangermanique a fait peser sur lui depuis de si longues années.